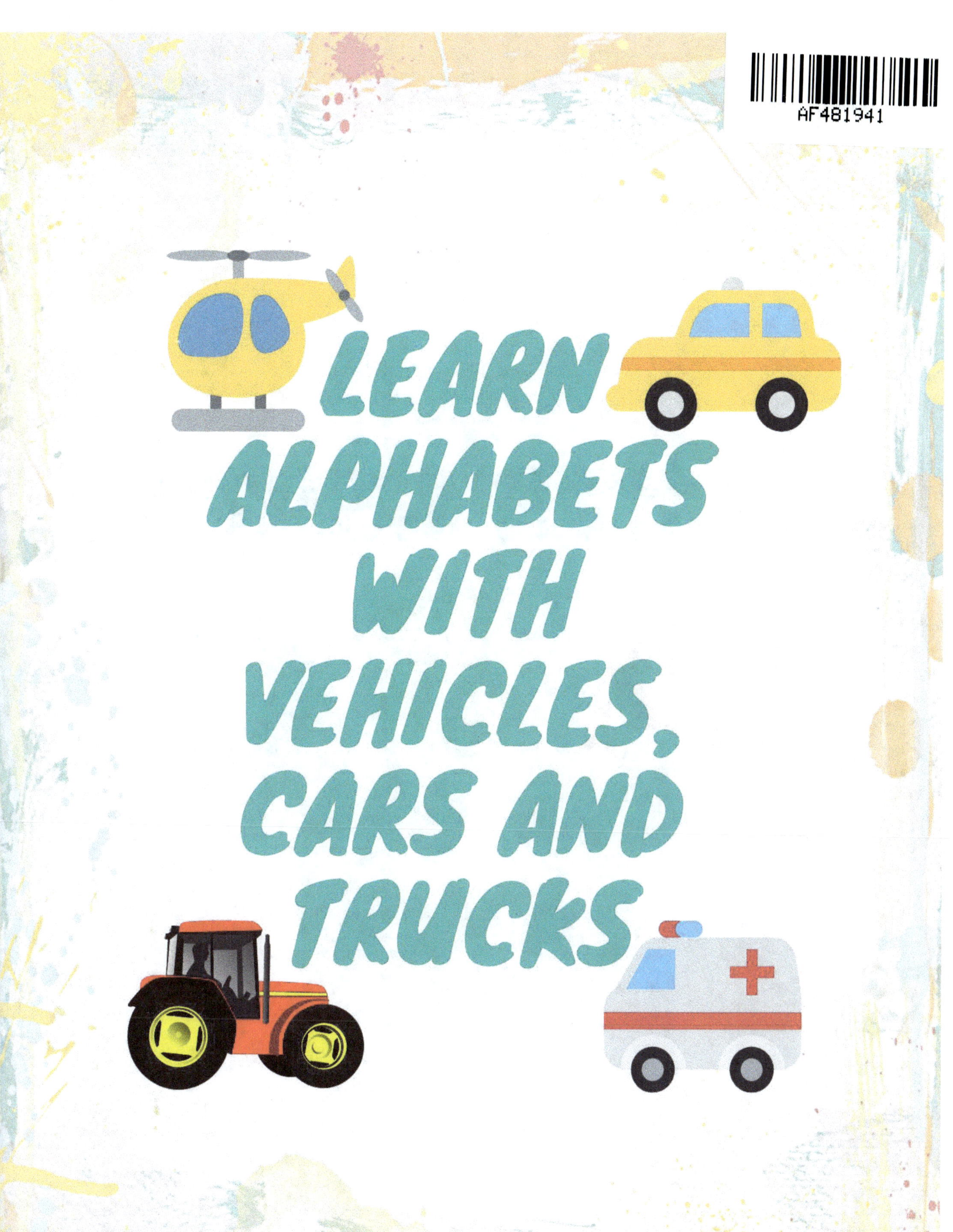

LEARN
ALPHABETS
WITH
VEHICLES,
CARS AND
TRUCKS

LETS LEARN
A B C

# Aa

AMBULANCE

# Bb

BUS

# Cc

CAR

# Dd

dump truck

# Ee

EXCAVATOR

# Ff

fire engine

# Gg

garbage truck

# Hh

helicopter

# Ii

ICE CREAM VAN

# Jj

jet boat

# Kk

kayak

# Ll

Lorry

# Mm

MOTORCYCLE

# Nn

navy ship

# Oo

OLD CAR

# Pp

POLICE CAR

# Qq

quad bike

# Rr

ROCKET

# Ss

SUBMARINE

# Tt

taxi

# Uu

UFO

# Vv

# VAN

# Ww

WAGON

# Xx

X-mas sleigh

# Yy

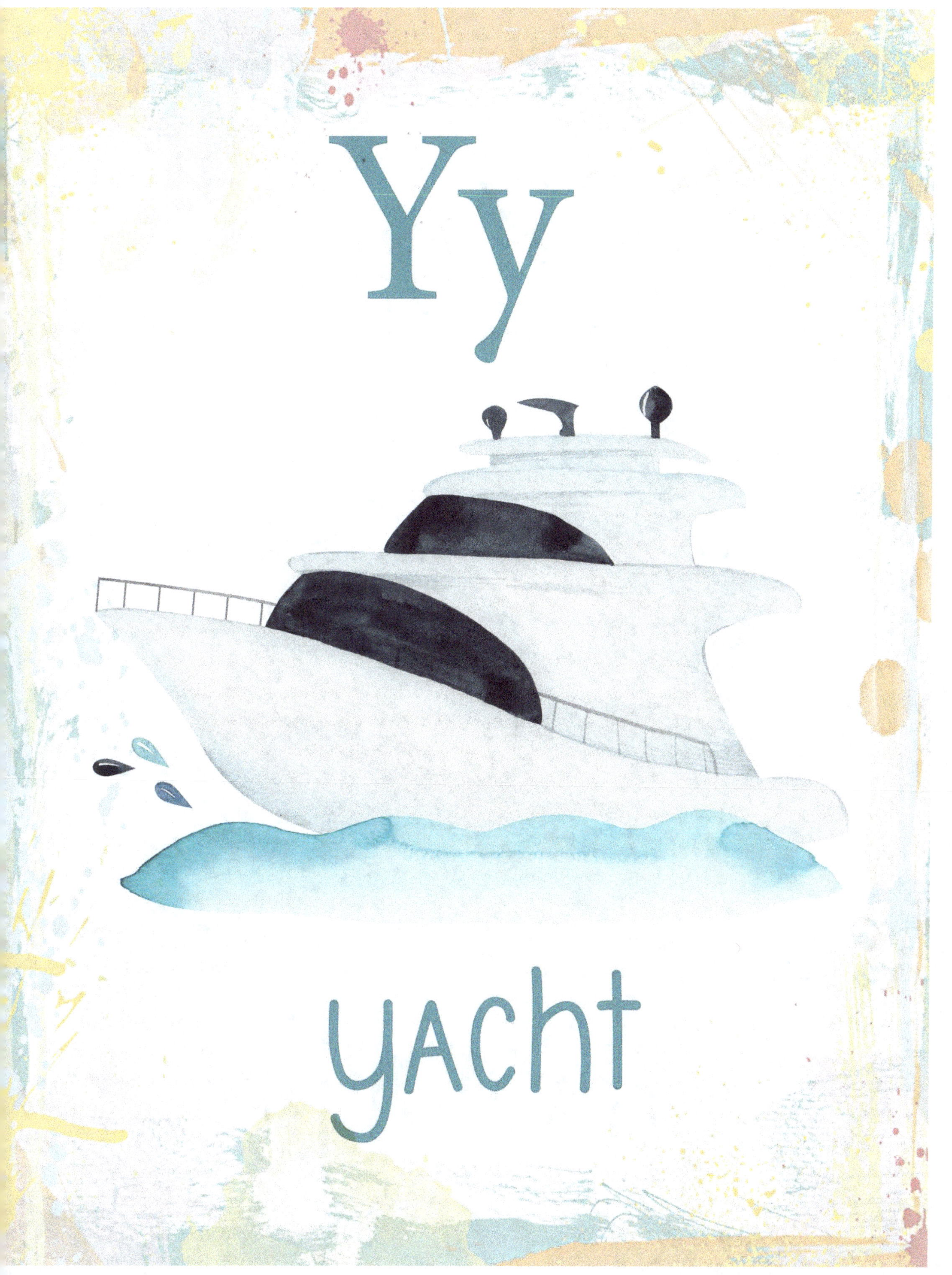

yacht

# Zz

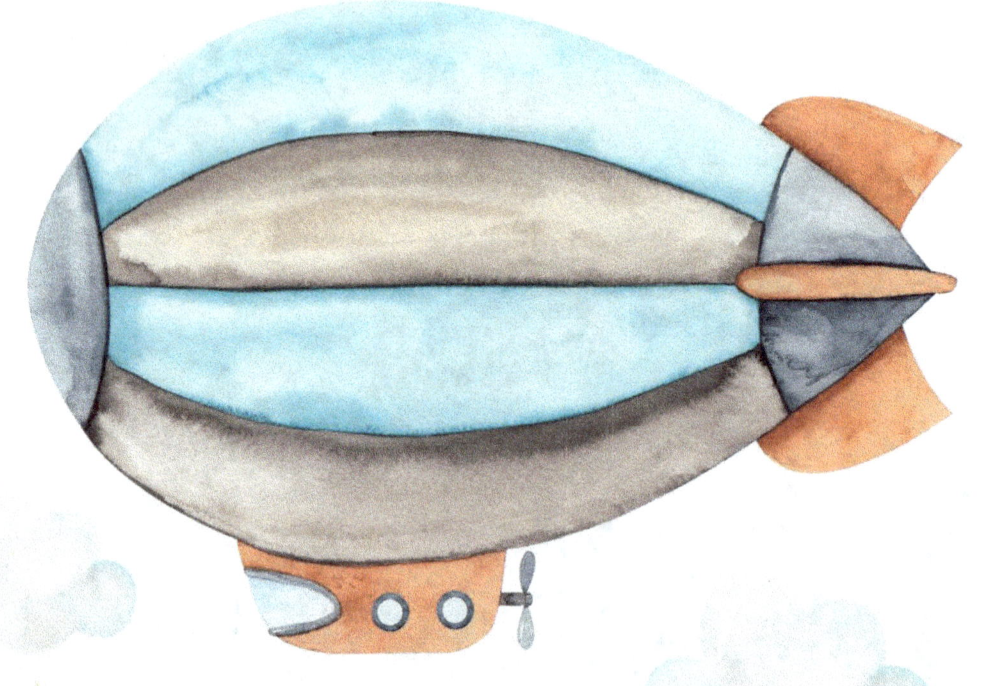

zeppelin

Aa
AMBULANCE
Bb
BUS

CAR
Cc
Dd
DUMP
truck

Ee
EXCAVATOR
Ff
fire
ENGINE

Gg
garbage truck
Hh
helicopter

Ii ICE CREAM VAN
Jj jet BOAT

# Kk

kayak

# Ll

LORRY

# Mm

MOTORCYCLE

# Nn

NAVY ship

Oo
OLD CAR
POLICE CAR
Pp
POLICE

Qq
quAD
biKE
Rr
ROCKET

Ss
SUBMARINE
Tt
taxi

# Uu

UFO

# Vv

VAN

# Ww

WAGON

# Xx

X-MAS SLEIGH

Yy
yacht
zeppelin
Zz

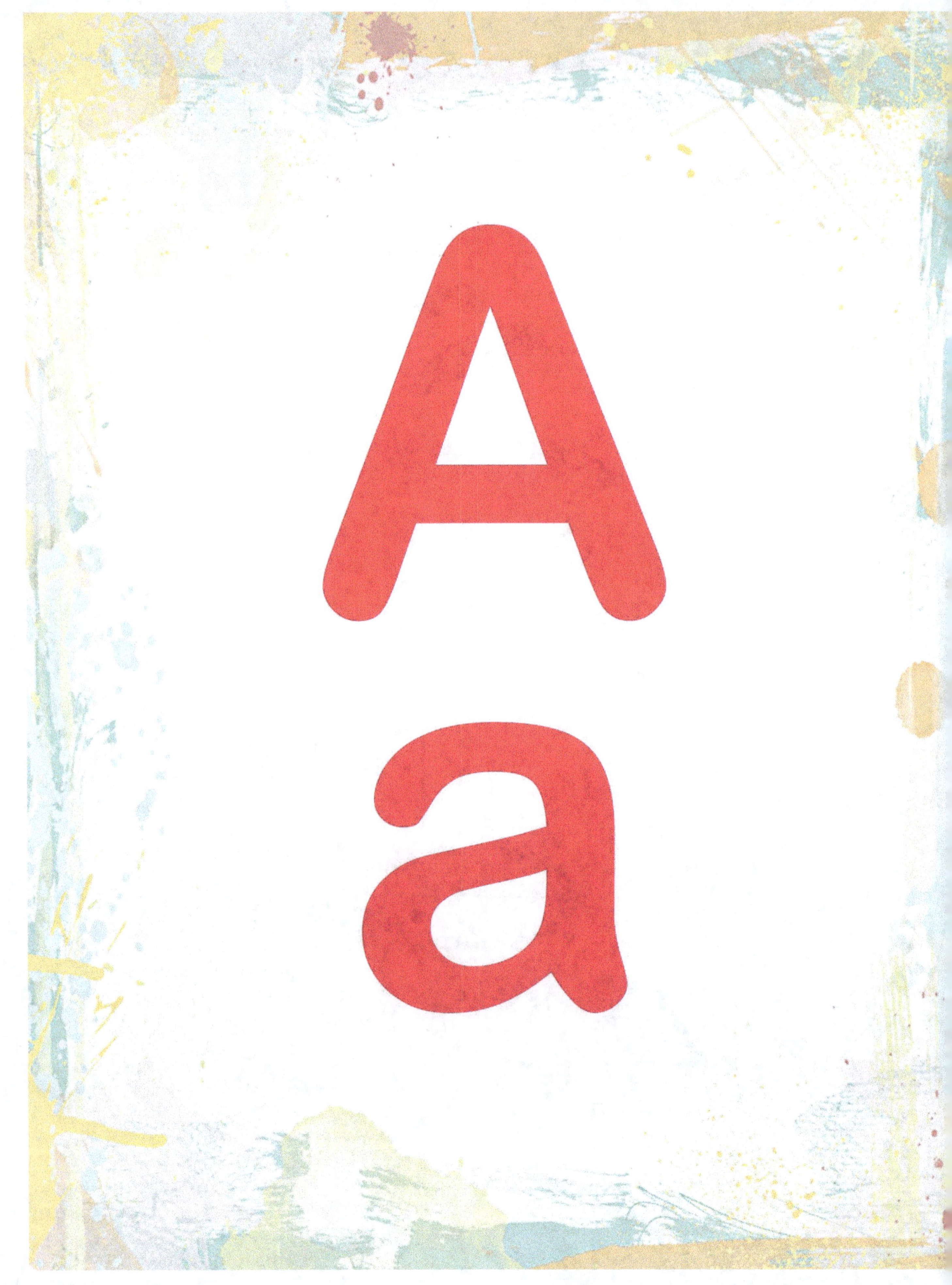
A
a

C
c

D
d

F
f

G
g

K
k

M
m

N
n

R
r

T
t

Y
y

Z
z

A
B
C
D
E
F

G
H
I
J
K
L

S
T
U
V
W
X

Y
Z

s
t
u
v
w
x

y
z